AF260360

HISTOIRE DES PAROISSES

DE BREZONS

ET DU BOURGUET

Depuis les temps les plus reculés jusqu'à nos jours

LE PENSIONNAT DE M. FABRE

BIOGRAPHIE DE Mgr SOUBRIER, ÉVÊQUE D'ORAN

PAR J.-F. PAUTARD

Chanoine titulaire de Saint-Flour, chanoine h. d'Oran
Membre de l'Académie de Clermont
AUTEUR DES HISTOIRES
de Lescure, de Valuéjols et de Paulhac

AURILLAC

IMPRIMERIE MODERNE

—

1900

HISTOIRE DES PAROISSES

DE BREZONS

ET DU BOURGUET

HISTOIRE DES PAROISSES

DE BRÉZONS

ET DU BOURGUET

Depuis les temps les plus reculés jusqu'à nos jours

LE PENSIONNAT DE M. FABRE

BIOGRAPHIE DE Mgr SOUBRIER, ÉVÊQUE D'ORAN

PAR J.-F. PAUTARD

Chanoine titulaire de Saint-Flour, chanoine h. d'Oran
Membre de l'Académie de Clermont

AUTEUR DES HISTOIRES

de Lescure, de Valuéjols et de Paulhac

AURILLAC

IMPRIMERIE MODERNE

1900

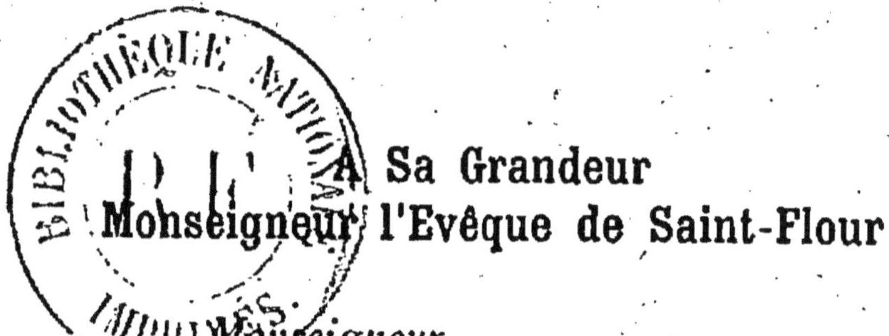

A Sa Grandeur
Monseigneur l'Evêque de Saint-Flour

Monseigneur,

Voici un nouvel hommage de mes veilles et de mes laborieuses recherches que je viens déposer aux pieds de Votre Grandeur.

Ce n'est pas un chef-d'œuvre et, vu sa médiocrité, j'ai hésité à le livrer à l'impression.

Mais la pensée que ces notions et ces découvertes pourraient intéresser, même édifier les fils de nos aïeux, m'a décidé a affronter de nouveau la publicité.

Bénissez, Monseigneur, ce petit livre, et son auteur obscur ; votre bénédiction assurément nous portera bonheur.

J.-F. PAUTARD,
Chanoine.

Approbation Épiscopale

. ➤ ✠ ➤ .

Saint-Flour, le 5 mai 1900.

Monsieur le Chanoine,

A quatre-vingts ans bien sonnés, à cet âge où, d'ordinaire, quand on a tenu la plume, à moins d'être des mieux doués, on a depuis longtemps cessé d'écrire, vous vous êtes senti assez d'activité dans l'esprit, d'énergie dans la volonté, de persévérance dans l'étude pour composer un nouveau livre de paroisse qu'on lira avec intérêt. Je vous en félicite, et vous remercie de l'hommage que vous avez eu l'attention de m'en faire. Ce sera la 5ᵉ œuvre que vous aurez publiée. Puisse votre exemple, déjà suivi par un certain nombre de vos confrères, trouver partout des imitateurs ! S'il en était ainsi, chaque église du diocèse aurait bientôt ses *annales particulières;* ce qui est très à souhaiter.

Vous avez pris, cette fois, pour sujet de votre nouvel écrit, la paroisse de Brezons où vous avez passé votre enfance et une partie de votre jeunesse. Vous avez décrit *con amore* sa riante vallée, ses vieux manoirs dont les châtelains ont joué un rôle assez important. Vous avez rappelé le passé des hommes distingués, qui en sont originaires et dont les mérites, les vertus, les talents, l'élévation du rang et les services rendus leur ont valu l'estime et la reconnaissance de leurs concitoyens.

On ne peut que vous savoir gré, et la paroisse de Brezons en particulier, d'avoir sauvé de l'oubli ces souvenirs édifiants qui font honneur à notre vieille et noble Auvergne, si riche déjà en illustrations de toutes sortes.

Mieux que personne vous pouviez les recueillir ayant vécu assez longtemps dans ce milieu que vous avez voulu faire revivre. Vous les rappelez avec une sûreté de mémoire et une fraîcheur d'imagination qui ne se ressentent point du cours des ans. Je vous en adresse mes sincères félicitations.

Veuillez agréer, bien cher Monsieur le Chanoine, avec mes compliments et ma gratitude, une de mes meilleures bénédictions ainsi que l'assurance de mon cordial dévoûment en N.-S.

† Jean, Evêque de Saint-Flour.

CHAPITRE Ier

SOUVENIR DU JEUNE AGE

J'étais bien jeune lorsque je quittai le pensionnat de Brezons, mais les charmes, mais les sites pittoresques de cette vallée avaient fait sur mon âme de si vives impressions qu'elles ne se sont jamais effacées :

Je vois encore ces eaux limpides s'en allant en gracieux méandres à travers les prairies, revenant sans cesse sur elles-mêmes, quittant comme à regret ces lieux enchantés : je vois encore, étagés sur la rivière, ces villages et ces hameaux entourés de leurs jardins et de leurs vergers en fleurs.

Quelle plus riche nature ! quelle plus luxuriante fécondité ! quels plus amples horizons sur les montagnes ! et sur leurs flancs, tantôt arides et tantôt verdoyants, que de ruisseaux, que de cascades, qui se précipitent, comme en se jouant, dans le fond de la vallée !

Des sites nouveaux à chaque pas, des accidents pleins de grâce ; des contrastes de rocaille et de verdure, de bruyères et de feuillages, d'abondance et de misère, de vie et de mort !

Çà et là m'apparaissent aussi ces donjons démantelés avec leurs traditions et leurs rudes exploits ; ces vieux manoirs avec leurs contes et leurs apparitions surnaturelles. Enfin mille autres charmes rendent si attrayante cette belle vallée. Je ne parle parlé pas de ces abîmes affreux, de ces ravins sans fond dont les flots écumants roulent avec un bruit de tonnerre sous vos pieds; je ne vous parle pas de ces antres humides et rocailleux, vieux repaires de serpents et de bêtes fauves. Le seul aspect de ces lieux vous saisit, vous glace d'effroi.

Mais la plus étonnante curiosité du pays c'est ce rocher immense (le Roc-Grond), qui n'a peut-être pas son pareil dans les Alpes, ni dans les Pyrénées; assis sur un faisceau de colonnes prismatiques à une hauteur prodigieuse, cet étrange promontoire projette en avant son front monstrueux, capable d'abriter un village tout entier; il protégeait jadis le château-fort de Lagriffoul.

Instamment sollicité par mes amis d'enfance, et par certains confrères, de faire l'histoire de cette école, que j'avais surnommée *la Faculté* de Brezons, j'avais toujours refusé, absorbé que j'étais par d'autres travaux, surtout par les soins d'une paroisse que j'ai administrée pendant un quart de siècle.

Aujourd'hui, devenu libre et gratifié d'une honorable retraite que je dois à la munificence de mon évêque, aujourd'hui que je cherche une distraction à mon désœuvrement, ma pensée se reporte vers ces lieux témoins de mes premiers ébats de jeunesse; je reprends ma plume,

sinon brisée, du moins bien rouillée, et je vais
essayer d'écrire les livres des paroisses de Brezons et du Bourguet, l'histoire du pensionnat
de M. Fabre et la monographie de Mgr Soubrier,
évêque d'Oran, ancien élève de l'école de Brezons, décédé le 19 août 1899.

Il n'y a que ceux qui ont abordé ce travail
d'histoires paroissiales qui en aient connu les
difficultés et les ennuis. Lorsqu'il faut secouer
la poussière de ces vieux parchemins, classer
les archives des mairies et des églises, souvent
mal tenues, quelquefois incomplètes, lire des
écritures illisibles, on a besoin de la patience
d'un bénédictin.

Et cependant ce n'est qu'en feuilletant ces
manuscrits poudreux, ce n'est qu'en recher-
chant les actes de baptême, de mariage, de
sépulture des anciennes familles, et des per-
sonnages importants, qu'on parvient à faire
l'histoire d'un pays.

Ne comptons plus sur la tradition, que gar-
daient fidèlement nos pères et qu'ils transmet-
taient à leurs enfants. Aujourd'hui un nouvel
ordre d'idées a prévalu : les projets d'industrie,
de fortunes rapides, surtout les affaires politi-
ques, sont devenues le rêve, la préoccupation
du grand nombre; la tradition s'en va. Alors
quoi de plus opportun que de consigner dans
nos annales les faits et gestes du passé. ? Quelle
plus agréable jouissance pour nos compatriotes

que de leur apprendre quels étaient leurs pères,
leurs villages, les événements accomplis depuis
cinq ou six cents ans, et de les faire vivre des
siècles!

Et que m'importe à moi, qu'importe à mes
concitoyens les histoires des Mèdes et des Per-
ses, de la Grèce et de Rome? N'y a t-il pas plus
d'intérêt à connaître celle de son pays, à savoir
d'où me vient le nom que je porte, qui l'a porté
le premier, quels furent mes ancêtres qui bâti-
rent cette maison, qui fondèrent ce jardin, qui
cultivèrent ces prés et ces champs dont je jouis
aujourd'hui?

Et ces aventures, et ces légendes, qui nous
rappellent la simplicité et les mœurs d'un autre
âge, faut-il les vouer à l'oubli pour toujours?
Et ces hommes d'élite, qui par leur travail,
leur génie et leurs vertus ont illustré nos montagnes, ne serait-ce pas un crime de laisser
leurs noms s'abîmer pour jamais dans les pro-
fondeurs de la tombe?

N'est-il pas meilleur de parler au pays de ses
propres enfants, ne serait-ce que pour lui faire
voir combien furent honorables et glorieux ses
ancêtres et que ce serait pour eux une honte
de dégénérer?

CHAPITRE II

TOPOGRAPHIE

La commune de Brezons est comprise dans le canton de Pierrefort et dans l'arrondissement de Saint-Flour, elle est bornée au nord par le Plomb du Cantal, au sud par Saint-Martin et Vigouroux, à l'est par Cezens, à l'ouest par Malbo.

La surface de son territoire est de 4350 hectares, savoir 450 hectares en terres cultivées ; 2780 en prés et pacages ; 800 hectares en bois, taillis et futaies, et 200 hectares en landes et bruyères, la population est de 600 habitants, répartie en 23 villages et hameaux, et environ 200 maisons.

La vaste étendue de la commune et la difficulté où se trouvait la partie supérieure de communiquer pendant plusieurs mois de l'année avec le chef-lieu détermina la création d'une chapelle vicariale au hameau du Bourguet, en 1824, érigée plus tard en succursale, 1839.

CHAPITRE III

Sur le massif des montagnes du Cantal, les plus hautes du centre de la France, je me figure une roue horizontalement renversée, dont les rayons comme des rivières coulent tout autour, du nord au sud, de l'est à l'ouest, ainsi le Brezons, l'Allagnon, la Sautoire, la Rue, la Maronne, la Cère, la Jordanne et autres.

Le Brezons, puisque c'est de lui que nous avons à parler, prend sa source dans les bois de Grandval, près du Plomb du Cantal, coule du nord au midi, arrosant les paroisses du Bourguet, de Brezons, de Saint-Martin, de Pierrefort, de Paulhenc et se jette dans la Truyère entre l'hospice de la Devèze et Laussac, de l'Aveyron.

Les autres ruisseaux ou affluents sont le Bonal ou Salesse, la Moure, l'Encloutoux, l'Epie d'Agulade, le Plo, la Signolade, ce dernier venu de la montagne de Belleviste, l'Incarreyre, le Montréal, Lagriffoul, le Roiller, le Grandval, le Pas-de-Nicol.

CHAPITRE IV

CASCADES

Il y en a quatre principales : celle de Montréal, au-dessous de ce village, celle du Saut de la truite, formée par le ruisseau de Granval avec une chute de 30 mètres, celle de Méjanasserre et de la Borie, qui n'offre pas moins de trois chutes et d'une élévation de plus de soixante pieds. On regrette que ces dernières ne deviennent imposantes par le volume de leurs eaux qu'aux grands orages et à la fonte des neiges. La quatrième, dite de la Roche, se trouve dans les dépendances du Cros-Haut, dont les eaux vont se jeter dans le Brezons, près du village de Liadières.

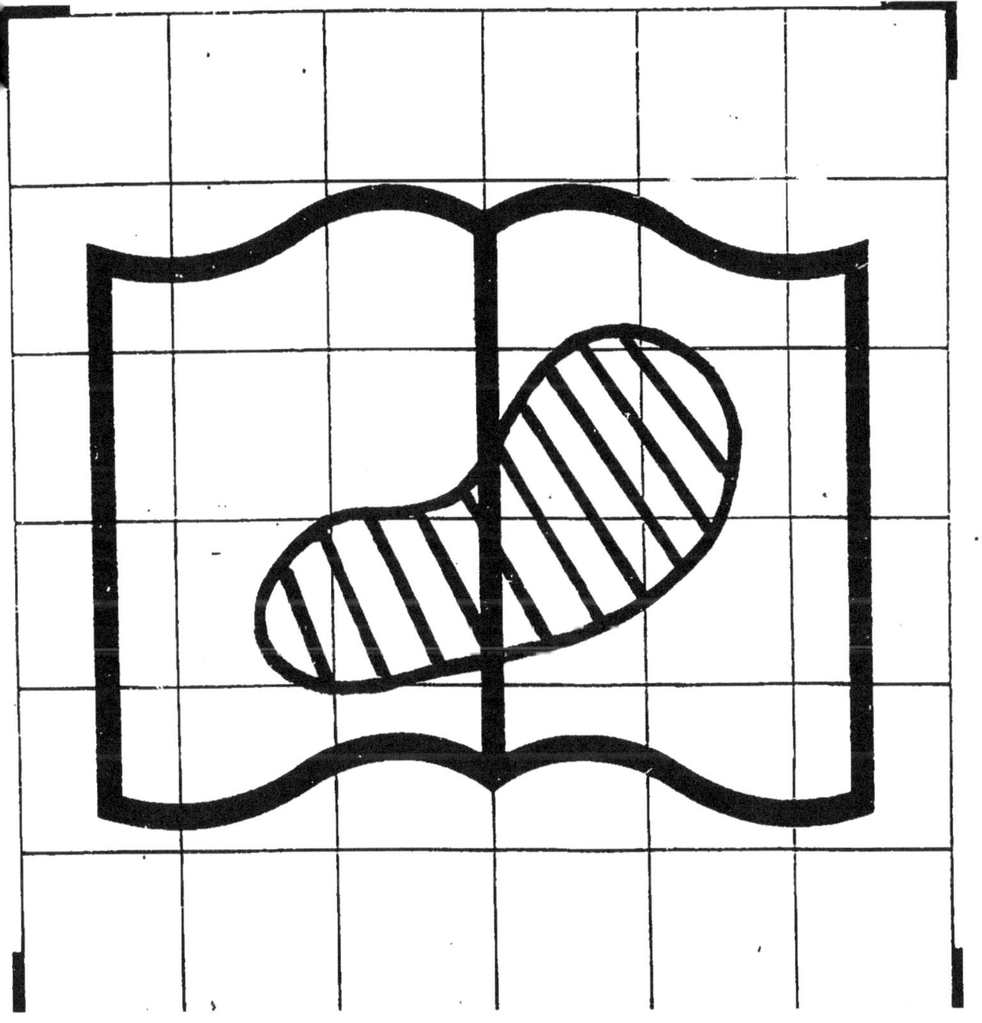

CHAPITRE V

ROUTES, INDUSTRIE, REVENUS

Il y a soixante ans qu'il y avait pas dans cette vallée une voie ordinaire de communication. Le beau pont de la Vergnette, que M. de Lastic de Vigouroux avait fait construire pour arriver à son château et pénétrer dans l'Aveyron, était le seul point où l'oht pût traverser la rivière, mais après? Pas de chemin, sinon des sentiers abruptes, qu'il fallait gravir à dos de mulet.

Pas de voie de communication, alors pas d'industrie. Chacun s'occupait de la culture de ses prés et de ses champs. La terre produisait peu de seigle mais assez de blé noir avec lequel on faisait des crêpes et même des gâteaux, les jours de fête. C'était la principale nourriture des habitants.

Le revenu le plus considérable consistait dans l'élevage des bestiaux et dans le produit des fromages, mais ce n'était que le partage du petit nombre, c'est-à-dire des gros propriétaires.

Nous venons de dire que Brezons n'avait pas, il y a soixante ans, une route carrossable, nous sommes heureux de constater que cette lacune a été comblée ; sans parler de la route de Murat à Pierrefort, qui bifurque au pont de la Rouère et dont une branche se dirige vers Brezons par le Treylis et Pescouzols, tous les jours, à 3 heures du soir, un courrier part de Pierrefort, emportant dépêches et voyageurs ; entre dans la vallée de Brezons par les Echarnides, passe à Labesseire, à Brezons au Chauteil et arrive à Landonnez, de là prenant en écharpe la côte de la Bézate et les bois de Vigouroux, traverse ce dernier bourg ainsi que la Capelle et descend dans la vallée de Raulhac, sa dernière destination. Il revient de ce chef-lieu par les mêmes étapes.

Ainsi lancée, la commune de Brezons ne pouvait s'arrêter en si bonne voie ; au commencement d'avril 1894, elle obtenait une recette de poste ; trois mois après, un bureau télégraphique ; enfin un chemin de petite vicinalité qui va du chef-lieu jusqu'au Bourguet, desservant la plupart des villages de la vallée.

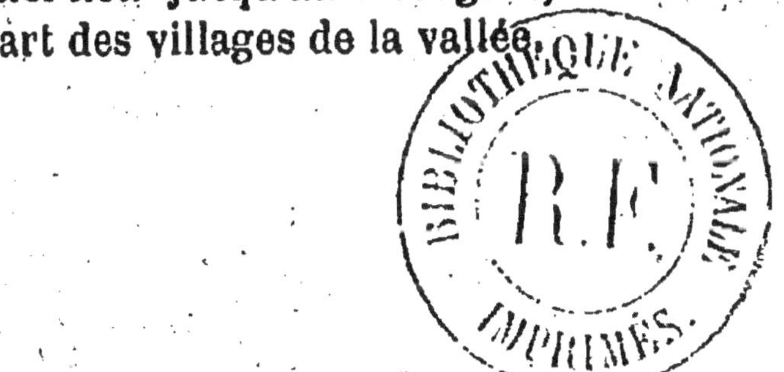

CHAPITRE VI

Enfermés dans la profondeur de leur vallon, privés des communications ordinaires avec les autres communes, il ne faut pas demander si ces braves gens avaient conservé la foi et les mœurs des temps antiques. La prière se faisait en commun, tous les soirs, dans le sein de la famille ; les dimanches ils ne manquaient guère d'assister aux offices de la paroisse, ils étaient heureux de revoir leur église et d'entendre les instructions.

Au temps de Pâques, les préceptes de la confession et de la communion étaient fidèlement remplis. S'il survenait quelque scandale, l'indignation publique était profonde. Et, chose étonnante, ce n'était pas la fille qui était le plus flétrie, mais son séducteur. Une fois marqué du sceau de l'infamie, il devenait disqualifié à tel point qu'il ne trouvait pas de parti pour s'établir, condamné souvent à un célibat forcé. Je tiens ces détails d'une personne des plus anciennes et des plus honorables de cette paroisse. Mais depuis, que nous avons fait de chemin ! Comme les choses ont changé ! Le séjour des grandes villes nous a été fatal, la morale, la religion, même la santé, y ont subi de rudes atteintes.

Un jour, dans une réunion, un quidam se permit de dire que l'émigration nous avait enrichis. Oui, répondis-je, en veuves et en orphelins. Dans notre bourg de 46 ménages combien croyez-vous qu'il y ait de veuves et de veufs ? Dix-huit veuves et trois veufs ! On ne pouvait y croire ; mais compte fait, c'était la vérité. Que sont donc devenus ces dix-huit pères de famille ? Des victimes tuées par le travail et des excès de tous genres. Est-ce qu'il ne leur eût pas été plus avantageux de travailler leurs domaines, qui les auraient nourris, et de jouir des charmes de la famille ? Assurément, leur vie eût été moins tourmentée, plus longue, et surtout plus chrétienne.

CHAPITRE VII

HISTOIRE DES SEIGNEURS DE BREZONS

Brezons était autrefois une seigneurie très considérable ; elle a constamment tenu rang à côté des vicomtes de Murat, des Astorg d'Aurillac, des sires d'Apchon, des barons de Pierrefort et de Dienne. Elle tirait son nom du château-fort au pied duquel est bâti le chef-lieu de la commune.

Amblard de Brezons, le premier qui figure dans nos annales, devait être très puissant, très riche, puisqu'il était seigneur de Brezons, de Valuéjols, de Cezens, de Paulhac, de Neuvéglise... Aussi le voit-on figurer dans plusieurs actes de donation en faveur des hospices, des monastères et des prieurés.

Héritiers de sa fortune et de ses nobles qualités, les autres seigneurs, ses descendants, se montrèrent toujours bons et généreux. Un seul, Pierre Amblard, s'oublia jusqu'à faire assassiner son jeune frère par les habitants de Lidar ; mais la justice de Dieu le frappa terriblement. Raynaud de Murat vint ravager ses terres, s'empara par surprise de son château où s'étaient réfugiés les gens des environs, y mit le feu et la plupart de ces malheureux périrent dans les flammes. Le château fut détruit et Pierre ne recouvra la liberté qu'après avoir subi les avanies les plus humiliantes et payé une forte indemnité.

Nous ne chercherons pas à excuser le misérable qui se souilla d'un crime si affreux, renouvelant le fratricide de l'infâme Caïn, mais s'il y eut un scélérat dans la lignée des Amblard, il y eut 15 ou 20 seigneurs qui furent pendant 600 ans la providence des pauvres, les bienfaiteurs des hospices et des monastères.

CHAPITRE VIII

CAVES DE FARRAIRE

Ici nous marchons de surprise en surprise : après les rochers, les précipices, les cascades, viennent les caves de Farraire, appelées les Grottes des Fées, situées entre ce village et le bourg de Brezons. Figurez-vous, creusées dans le flanc de la côte, quatre ou cinq de ces cavernes très intéressantes ; on arrive à la première par une petite ouverture dissimulée dans les broussailles, on dirait la porte d'un four ; il faut se courber pour y entrer, alors on se trouve dans un vaste appartement dont le dôme n'a pas moins de cinq ou six mètres de hauteur. La seconde est encore plus grandiose et si vaste que, d'après le témoignage d'un voisin, on pourrait y rentrer plus de 300 moutons ; les autres sont plus petites, finiront même par disparaître.

Il n'est pas douteux que dans des temps, qui remontent bien haut dans le passé, les pauvres habitants de ce vallon n'ayant aucune ressource pour se bâtir même des cabanes, n'aient imaginé de creuser des habitations dans les flancs des collines, dans des antres déjà ébauchés par la nature. Ils n'avaient ni chaux, ni sable, ni outils, rien ; mais une fois la grotte terminée, elle durait toujours. Une natte de

paille ou de jonc fermait la porte et l'on était
chez soi ; on voit encore des sièges et des tables
en pierre, sur les parois des murs des trous
où armoires pour réclamer les objets et usten-
siles de ménage. Mais sans aller si loin, Bredon
sur Murat n'a-t-il pas eu une série de caves
— presque un village — creusées dans le tuf,
dont quelques-unes existent encore ?.

Or est-il étonnant que ces pauvres gens, vivant sous terre, comme les taupes, contractas-
sent des infirmités précoces, et que leur existence ne fût pas de longue durée. Lorsqu'ils
eurent les moyens d'élever la plus modeste
habitation, ils abandonnèrent leurs terriers ou
plutôt ils les cédèrent à deux fées devenues
célèbres, même redoutables, dans la contrée. Ici
commence une légende étrange un vrai conte
de fées.

A peine les grottes étaient-elles libres que
deux sorcières s'en emparèrent et s'y fixèrent
solidement. D'où venaient-elles ? on n'en savait
rien. Toujours est-il qu'elles menaient une vie
mystérieuse, ne sortant jamais le jour, rôdant
toutes les nuits, n'inspirant que crainte et terreur aux passants.

Ces fées avaient le pouvoir de jeter des malé-
fices, de porter malheur ; elles passaient pour
être très riches. Aux beaux jours de l'été, elles
étalaient au soleil des milliers de pièces d'or.
Attirées par la curiosité, quelques femmes voi-

sines se hissaient sur la pointe de leurs pieds, ou sur les tertres, pour contempler ces monceaux d'or ; mais malheur à elles si les fées les apercevaient ! Elles pouvaient s'attendre à un mauvais sort.....

Enfin, dit la chronique, un jour les femmes de Brezon, jalouses ou importunées par de telles voisines, coururent à la grotte avec des fourches et des bâtons et chassèrent ces vivandières : on n'en entendit plus parler.

Achevons de raconter les curiosités du pays en signalant le vaste bassin qui fait suite à la cascade du Cros-Haut et auquel on a donné le nom pompeux de Bain de César ; surtout n'oublions point le Pas du Chat, ni celui de l'Enfer, si renommés, si dangereux.

Lorsque les gens du Bourguet se rendaient aux foires de Cézens, suivant un sentier de chèvres à travers la côte de Gourbêche, ils n'avaient qu'une appréhension, celle du Pas du Chat et de l'Enfer, torrents rocailleux, très profonds, très dangereux. Malheur à l'imprudent qui, d'un bond n'atteignait pas la rive opposée ! C'en était fait de lui, il disparaissait dans l'abîme. Aujourd'hui ces parages conservent bien leurs noms, mais des passerelles y ont été établies pour la sûreté des voyageurs.

CHAPITRE IX

EGLISE DE BREZONS

Bâtie dans le style roman, à l'extrémité nord du bourg et dédiée à saint Hilaire, cette église est très ancienne. C'est en vain que j'ai cherché la date de sa construction : sur ce point les archives religieuses et civiles sont muettes. Elle existait au commencement du XIe siècle, puisque à cette époque, Amblard de Brezons la donna au monastère de Saint-Flour. Cette donation se trouve très détaillée dans les archives de l'évêché.

Raymond du Cros, évêque de Clermont, céda, en 1292, la part des revenus qui lui appartenaient sur l'église de Brezons. Incendiée en 1600, elle fut rebâtie à la même époque. et et dans le même style, elle est ornée et bien tenue.

Quoique consacrée à saint Hilaire l'église de Brezons a pour fête patronale l'Exaltation de la très sainte Croix. Autrefois elle était bruyamment célébrée : à l'église d'abord par le chant, les cérémonies et la publication des reinages, qu'une certaine rivalité faisait monter à des chiffres étonnants, à la maison ensuite où se trouvaient réunis et joyeux, parents et amis. On causait, on chantait, on dansait même quelques bourrées d'Auvergne sous les yeux de la mère ou de la maîtresse de la maison.

Je vais placer ici une légende étrange, mais celle-là je puis en garantir l'authenticité. Personne n'ignore dans le canton de Pierrefort et même dans la Planèze que l'église de Cézens possède un bras de saint Germain d'Auxerre. Beaucoup de malades vont, pendant l'année, le vénérer et lui demander du soulagement à leurs infirmités. Mais c'est au 30 août, fête patronale, qu'il y a grande foule de pèlerins.

Autrefois, à pareil jour, on faisait vénérer à nu la précieuse relique. Or voilà qu'une folle de Brezons au lieu de baiser la main du saint, en saisit le pouce avec les dents, l'arrache et s'enfuit à travers champs sans qu'on ait pu la ratrapper. Elle le porta au curé de Brezons.

J'ai vu et pris dans mes mains cet avant-bras de saint Germain parfaitement conservé, il lui manque le pouce qu'on reconnaît avoir été violemment arraché. Que se passa-t-il entre les curés de Cézens et de Brezons? Je l'ignore, mais toujours est-il que le doigt de saint Germain est resté à Brezons, qu'on l'expose et qu'on le fait vénérer, tous les ans, à la fête de saint Germain.

Le clocher de l'église de Brezons a été restauré tout récemment par M. le curé Baguet, qui lui a conservé sa forme primitive. Avant la Révolution il avait quatre cloches. Un commissaire envoyé de Saint-Flour, en fit sauter trois par les ouïes et les transporta au chef-lieu du district. Depuis lors il n'y en avait eu qu'une, mais grâce à l'initiative de M. Baguet, et au concours de quelques âmes généreuses, aujourd'hui il y en a trois et trois belles.

La première pèse à peu près vingt quintaux, bénite par M. Soulier, archiprêtre de Sainte-Christine de Saint-Flour, le 14 octobre 1895, parrain M. Delsériès, des Echarnides, marraine Mme Baduel, également des Echarnides.

La deuxième était de huit quintaux, refondue et considérablement augmentée pour la mettre en harmonie avec ses sœurs. Elle pèse quatorze quintaux, a été bénite par M. Baduel, doyen de Pierrefort, en 1898, parrain Antoine Baduel, du Cros-Haut, marraine Mme Vidalenc, de Landonnez.

La troisième, la plus ancienne mais la plus petite, fut donnée par les Parisiens, de Brezons, et bénite par M. le curé Bergaud, en 1844, parrain Jean Ajalbert, du Cros, marraine Mme Vidalinc, de Ladonnez.

Ces trois cloches bien réussies, bien harmonisées, feraient honneur à une grande ville. Lancées à tous les échos de la vallée, ces chanteuses aériennes produisent un effet ravissant.

CHAPITRE X

LES CHATEAUX

Château de Brezons

Au milieu de la vallée, sur un mamelon, qui domine la rivière, s'élève un rocher noir et moussu. C'est à ses pieds et au-dessus qu'était bâti à deux étages le château-fort de Brezons.

Le premier corps de bâtiment était encadré de deux fortes tours avec un pont-levis. Il communiquait par le toit avec le donjon supérieur, assis sur le roc et complétant l'édifice. C'était une vraie forteresse, de sorte que pour s'en emparer il fallait faire deux sièges en règle. Aussi une fois le pont-levis hissé, le seigneur pouvait dormir tranquille sur ses deux oreilles.

C'est là qu'arrivaient toutes les dîmes de la contrée; on lui avait donné le nom de grenier d'abondance du vallon.

Château de Laboal

Il fut brûlé par la foudre, il y a bien longtemps. Deux de ses tours disparurent dans la catastrophe. Reste la troisième avec son perron et son escalier à vis, qui conduit jusqu'aux combles.

Au rez-de-chaussée sont de vastes caves voûtées; au premier, la cuisine et le salon, également voûtés; au deuxième, les appartements de la famille ; au troisième et quatrième étages, les décharges. C'était un château-fort, résidence ordinaire des seigneurs de Brezons. Il a conservé sa couronne de créneaux et sa ceinture de meurtrières, qui lui donnent un aspect pittoresque et gracieux.

Il est probable qu'à une certaine époque il dut soutenir des sièges ; on a trouvé dans les cours et les jardins beaucoup de balles et une trentaine de boulets.

Laboal est une belle résidence ; il a de riches et fertiles prairies. C'est le domaine le plus considérable de la vallée. Ce château appartient au capitaine Mourton de Clermont, en ce moment en garnison à la Rochelle. Sa mère, Madame Mourton, a fait construire au fond de la propriété, sur le chemin du Bourguet, une belle et élégante chapelle sous le vocable de Notre-Dame de la Visitation. Un superbe vitrail représente l'apparition de la Vierge au berger de Lescure. Les voyageurs ne manquent pas de s'agenouiller à la porte de ce pieux sanctuaire, et d'adresser une petite prière à la Reine du ciel.

Château de Lagriffoul

Très élevé, caché sous l'énorme rocher, il était regardé comme imprenable. Aussi son châtelain, un Amblard de Brezons, abusant de sa position, se montrait-il très hautain envers

les autres seigneurs de la contrée. Après avoir
commis chez eux des déprédations, il rentrait
dans son manoir, fermait la porte, en attendant
de recommencer ses exploits.

Il avait fait tailler dans la pierre un balcon
monumental de vingt mètres, dans lequel il
pénétrait tous les matins par une porte des
étages supérieurs pour aller respirer le bon air.
Il y recevait quelquefois ses amis leur faisant
admirer les belles perspectives, les sites ravis-
sants de la vallée. D'après la chronique il y aurait même fait creuser un petit tunnel pour
mettre en sûreté ses riches trésors. On vous le
montre encore de loin, et c'est la croyance
générale que les écus du châtelain y reposent
toujours ; mais jusqu'ici on n'a pu trouver un
homme assez rapide, assez déterminé pour
tenter une pareille ascension.

Un jour Mérigot Marchez, un des routiers,
qui désolèrent le plus nos montagnes, se pré-
sente et demande à lui parler ; Lagriffoul paraît
à la fenêtre, une arquebuse à la main, et le
somme de déguerpir au plus vite sans quoi...

Mérigot s'enfuit criant : Au revoir ! Furieux
d'avoir été si mal reçu, il jure de se venger. Or
il a recours à un expédient qui ne lui coûtera
ni poudre, ni plomb, mais qui dénichera le
fier baron : il fait faire une tranchée dans la
montagne et conduit les eaux du Railler juste
sur l'endroit au-dessous duquel se trouvait le

château. Les eaux très abondantes bondirent avec violence sur cette pente inclinée, et formèrent une des plus belles cascades qu'on ait jamais vues. Le seigneur tressaille ; il eût volontiers payé Mérigot d'avoir donné un nouvel ornement à son château, et de lui avoir procuré à lui-même une aussi agréable distraction.

Mais la joie ne fut pas de longue durée : les eaux s'infiltrèrent peu à peu dans les veines du rocher, bientôt elles envahirent toutes les pièces du château, et le pauvre seigneur, comme un rat noyé, est obligé de se rendre, de payer une forte rançon et d'être témoin de la démolition de son manoir. Des pans de murs, des tronçons de tours, qu'on voit encore même de loin, attestent que ce fut là le château de Lagriffoul.

Château de Méjanasserre.

Il appartenait, en 1366, à Marfred de Murat, seigneur de Monlausy, près de Maurs. La tradition rapporte qu'il dut être détruit lors de l'invasion des Anglais.

Château de Montréal

C'était jadis une seigneurie de la famille Amblard de Brezons avec un château relevant du monastère de Saint-Flour. On y voit encore, mais presque entièrement effacés, les vestiges d'une tour, qui dominait la plaine, et offrait au-dessous un paysage agréable et fertile.

Château de Lavergnette

Il formait une seigneurie dépendante de la maison de Lastic, dont la branche aînée était venue se fixer à Vigouroux, par suite du mariage, en 1603, d'Annet de Lastic avec Françoise Barthomier. Cette branche est aujourd'hui réunie à celle de Parentignac, près Issoire.

CHAPITRE XI

Bourg de Brezons

à 7 k. de Pierrefort 32 k. de Saint-Flour.

Etagé autour des ruines de l'ancien château, son aspect est gracieux. Il a de remarquable son église romane, le nouveau cimetière, le groupe scolaire, la recette de la poste et le bureau télégraphique.

A voir son presbytère avec sa tour décapitée et son escalier à vis, on le prendrait pour un ancien castel. C'était une commensalité de prêtres ou religieux vivant à frais communs. Une chambre du clocher leur servait d'infirmerie d'où ils pouvaient entendre la sainte messe.

La-haut, sur la roche, sont les débris du vieux manoir, jadis si prospère, aujourd'hui si délaissé. On dirait qu'il pleure sur les déceptions et la fragilité des grandeurs humaines.

Les Echarnides

Ce village a donné le jour à un savant théologien, Guillaume Vidalenc, mort grand-vicaire de Saint-Flour.

Labesseire

C'est le berceau de l'honorable famille Trimac. Par l'acquisition des immeubles de deux ou trois propriétaires, M. le conseiller de la cour d'appel de Riom en a fait un domaine très important : bois, prés, champs, vacherie.

Lidar

Devenu tristement célèbre par l'assassinat du jeune Amblard de Brezons. Une croix de pierre y fut plantée pour en perpétuer le souvenir, elle y est encore,

Montréal

S'il n'a plus son château, il a toujours son gros ruisseau, véritable torrent qui, tombant à pic d'une hauteur de 40 pieds, forme une des belles cascades de la vallée. Il fut un jour le théâtre d'un affreux accident : un homme des plus importants fallit y perdre la vie.

D'après M. Deribier, des traces de voie romaine et d'un camp romain se découvriraient près de Montréal. Il me répugne de croire que les vainqueurs de Vercingétorix aient quitté les riches plaines de la Limagne pour venir contempler les roches dénudées ou chenues de Montréal.

LE CROS-HAUT

M. Baduel a dans ce village une belle maison de campagne, des prairies fertiles, et sa montagne de Belleviste est renommée par le produit de ses excellents fromages.

MÉJANASSERRE

Outre son château, Méjanasserre avait encore un prieuré sous le vocable de Sainte-Marie-Madeleine. Pourvu de ce prieuré par un bref de Notre-Saint Père le Pape, Messire Philibert de Ponsonnaille du Chassan, archidiacre de la cathédrale de Saint-Flour, en prit possession en 1708, rétablit la chapelle complètement en ruines, où on disait de nouveau la sainte messe. Mais voici la Révolution de 89; les églises sont profanées, saccagées ou vendues nationalement, les prêtres déportés ou mis à mort. La chapelle de Méjanasserre ne devait pas échapper au sort commun. Les nouveaux Vandales la dévastèrent à n'y rien laisser debout. La statue de sainte Madeleine fut sauvée comme par miracle. Une pieuse femme l'emportait sous son tablier, lorsque les pillards entrèrent dans l'oratoire. Il y a avait aussi deux petites cloches qui furent cachées par un villageois; mais il mourut sans avoir pu en faire connaître l'endroit.

Enfin après avoir été longtemps délaissée, c'est-à dire depuis la Révolution de 89, la pauvre chapelle fut rebâtie en 1844 par M. Bergaud, curé de Brezons; en voici les motifs : pendant sept ans, Méjanasserre et ses environs avaient vu leurs récoltes ravagées par la grêle. Ces pauvres gens atterrés pensèrent que l'abandon de sainte Marie-Madeleine en était la cause;

avec l'aide de M. le curé Bergaud et avec des dons particuliers ils relevèrent la petite chapelle et les fléaux cessèrent.

On y dit la messe plusieurs fois pendant l'année, le jour de la fête de sainte Marie-Madeleine et lorsqu'il y a un décès dans le village.

Voici les autres villages et hameaux de Brezons :

Laborie,
Lavergnette,
Bois de Ché,
Le Chauteil,
Liadières,
Les Granges,
Vidèche,
Lestival,
Le Cros-Haut,
La Praderie,
Laqueille,
Lendonnez,
Lagriffoul,
La Gourbêche,
Les Fabrinches,
Les Fabrichounes,
Farraire,
Le Cros-Bas.

CHAPITRE XII

ANCIENS CURÉS DE BREZONS

En 1662 il y avait une commensalité de prêtres ou religieux.

Pierre Tissandier...................... 1626
Jean Salès 1692
Pierre Pons de la Grange, comte de Lyon, protonotaire apostolique, archidiacre de Saint-Flour, fut prieur de Brezons en 1655
Antoine Vidalenc...................... 1708
Jean Delrieux........................ 1650
Pierre Jouve, de Dienne, curé depuis 1773 jusqu'en 1824, il assista aux Etats généraux réunis à Saint-Flour.

CURÉS PLUS RÉCENTS

MM. Devilla, de Pierrefort............. 1824
Bergerand, de Pailherols 1836
Meyrignac, de Lieutadès........... 1858
Baguet, curé actuel............... 1886

VICAIRES DE BREZONS

MM. Loussert........................ 1804
Chassang....................... 1812
Maurier 1819
Gaillard 1821
Hugon 1824
Delcusy........................ 1824

Vidal.............................. 1825
Brousse 1828
Jalabert 1832
Petit 1839
Dacier............................. 1844
Thouzery........................... 1845
Fressanges......................... 1861
Vaissade........................... 1864
Soubrier........................... 1867
Bonnet............................. 1868
Roche.............................. 1870
Pignol............................. 1871
Boussuge........................... 1886

CURÉS ORIGINAIRES DE BREZONS

MM. Rouchez de la Gourbêche, ch. h... 1817
Bromet, chanoine prébendé....... 1822
Eugène Baduel, curé de Montchamp 1856
Louis Rispal, curé de Neuvéglise.. 1893
Antoine Rispal, curé de Lastic.... 1899
Salat, curé d'Anglards-de-Saint-
    Flour........................... 1898
A. Salat, missionnaire lazariste.

CHAPITRE XIII

PERSONNAGES CÉLÈBRES DE LA PAROISSE DE BREZONS

M. Pierre Jouve, curé de Brezons, 1789 .

Si Brezons n'avait pas vu son église fermée et ses prêtres disparus, il ne se serait pas douté que la France traversait alors la plus terrible épreuve qu'une nation ait jamais eue à subir.

A part quelques espions, quelques bandits, qui parcouraient de temps en temps la commune, stipendiés par les commissaires des districts, pas de troubles, pas de ces mauvais garnements, qui terrifiaient d'autres localités en y commettant les plus criants délits.

J'ai interrogé là-dessus les personnes les plus anciennes de la paroisse, elles m'ont répondu que leurs parents ne leur avaient jamais parlé de scènes de désordre survenues à cette époque.

Le vénérable M. Jouve, originaire d'une des plus honorables familles de la vallée de Dienne, était curé de Brezons pendant la tourmente révolutionnaire. Il ne put se résoudre à quitter son poste, à abandonner son troupeau. Sans doute il était prudent et se cachait pendant le jour, mais la nuit il parcourait les villages accompagné de gens sûrs et dévoués, baptisait les enfants, bénissait les mariages, assistait les mourants, offrait le saint sacrifice de la messe, tantôt dans une chambre, tantôt dans une grange, le plus souvent au fond d'une écurie.

Lorsqu'il se croyait recherché, il se retirait dans une grotte ignorée du public, d'un accès difficile, qu'il avait découverte au milieu d'un groupe de rochers, et qui depuis a porté le nom de grotte ou de maison du curé. Seuls un petit nombre d'amis la connaissaient, mais pour tout au monde ils se fussent bien gardés de trahir le secret, de compromettre le bien-aimé pasteur.

Il n'en fut pas de même dans une paroisse presque voisine. M. le curé est prié avec instance par ses fidèles de vouloir bien leur dire à la Noël, la messe de minuit. Il n'y avait pas le moindre inconvénient, toutes les précautions étaient prises : des veilleurs aux portes, des sentinelles à l'entrée du bourg, le secret fidèlement gardé ; tout le monde se réjouissait d'assister à une cérémonie, hélas ! devenue si rare dans les temps de malheur.

Mais le secret transpira : un traître, un Judas, avait vendu, je ne sais pour combien, le bon curé. O Iscariote, tu auras donc toujours des imitateurs !

Enfin minuit a sonné, la messe commence, la foule est grande, pieuse et recueillie. Tout à coup, après l'élévation, sans que les sentinelles aient donné la moindre alarme, une voix terrible se fait entendre : Ouvrez !!! et un long frémissement parcourt l'assistance en voyant un gendarme, le brigadier aller se placer juste derrière le célébrant. Quand celui-ci termina le *Pater*, le gendarme répondit : *Sed libera nos a malo*. Il répondit de même à la fin de la messe : *Deo gratias !*

A son aspect le pauvre prêtre se crut perdu. Tout le monde pleurait déjà sur son sort, lorsque le brigadier lui dit : Je te pardonne pour cette fois, mais ne t'expose plus de la sorte, je serais obligé de faire mon devoir, même aujourd'hui de te descendre à Saint-Flour, la la chaîne au cou, si j'avais amené mes gendarmes. Ainsi le brave sous-officier avait consigné ses hommes à un kilomètre au-dessous du chef-lieu, leur faisant entendre que seul il réussirait mieux à prendre le moineau dans son nid, et c'était pour le sauver.

Lorsque ses camarades l'aperçurent: Eh bien ! eh bien ! brigadier, où avez-vous le moineau ? Il a filé, nous sommes dupes d'une mystification. Tout le monde dort profondément dans le village ; on n'entend que le chant des poules et des coqs. Il mentait assurément, mais pour un militaire c'était une pécadille. Il lui répugnait de conduire, peut-être à l'échafaud, un saint homme, un ministre de Jésus-Christ.

Mais les jours de délivrance approchent ; l'heure du salut a sonné. Bonaparte après avoir vaincu les ennemis du dehors, écrase le monstre révolutionnaire, qui avait rempli la France de tant de ruines et fait couler des torrents de sang, rouvre les églises, rétablit le culte et nous donne cette paix tant désirée.

Les rares prêtres qui avaient survécu aux persécutions ou aux souffrances de l'exil reprennent l'exercice de leur ministère. M. Jouve est ramené en triomphe dans son église au milieu de l'enthousiasme et des acclamations de ses paroissiens. Il mourut quelques années après (1824), amèrement pleuré. Il était bon, actif, populaire et très aimé. Il avait administré cette paroisse pendant cinquante ans. Tout le monde sait, et on répète encore, que pendant un siècle Brezons n'eut que trois curés, deux de vingt-cinq ans chacun et un de cinquante ans. A cause de son grand âge et de ses infirmités l'autorité épiscopale lui avait donné deux vicaires.

Ah! si je revoyais ce cimetière qui conserve la dépouille mortelle de ce vieillard, avec quel respect je m'agenouillerais devant sa tombe! Vaillant soldat du Christ, lui dirais-je, qui as gardé ton poste de combat jusqu'à la fin, au mépris de toutes les fatigues, même de la mort, reçois les hommages de mon admiration la plus profonde. La postérité n'oubliera jamais les exemples de courage et de vertu que tu lui as légués.

M. Jouve avait un frère qui est resté curé de

Dienne depuis 1796 jusqu'en 1813. Le capitaine Jouve, leur neveu, se retira de l'armée à la fin du premier Empire, avec de beaux états de service. Une fois blessé et fait prisonnier (1804), blessé de nouveau au siège d'Ancône (1808), il fut décoré en récompense de sa bravoure et nommé percepteur de Dienne.

M. J. Jouve, curé actuel de Valuéjols, est un arrière-neveu de MM. les curés Jouve, de Dienne.

M. Guillaume Vidalenc,

Né aux Echarnides, paroisse de Brezons, M. Vidalenc fit ses humanités au collège de Saint-Flour, alla ensuite suivre le cours de théologie au grand séminaire de Montpellier, fut ordonné diacre en 1783 et promu au sacerdoce l'année suivante. Il se présenta aux examens des Facultés de Bourges et de Montpellier et fut pourvu de plusieurs diplômes. Prêtre savant et d'un bel avenir, il se disposait à entrer dans l'enseignement lorsque éclata la Révolution de 1789.

M. Vidalenc se cacha-t-il chez lui ou émigra-t-il à l'étranger ? C'est ce que personne n'a pu me dire ; mais lorsque la terrible Révolution fut passée, M. Vidalenc reparut. Mgr l'évêque de Saint-Flour l'appela dans son conseil, le nomma théologal de sa cathédrale et lui donna même des lettres de grand vicaire, honneur qu'il conserva jusqu'à sa mort.

Etienne Triniac, docteur en médecine

De longtemps on n'oubliera M. le docteur Triniac, de Labeisseire, médecin si bon, si populaire qui rendit tant de services dans le canton de Pierrefort.

Entre mille témoignages que je pourrais citer, en voici un qui prouve tout l'intérêt qu'il portait à ses malades. Au mois de janvier 1823, par une journée affreuse où la neige tombait drue et la tempête faisait rage, on vient le chercher pour une pauvre mère de famille, la femme Touflze, de Montréal, qui, disait-on, allait mourir.

M. le docteur monte à cheval, part à l'instant. Il gravit le sentier abrupte qui conduit au village, trouve la malade atteinte d'une forte pleurésie, lui donne ses soins et s'en va. Il y reviendra deux ou trois fois, non pas pour multiplier ses honoraires : il savait que cette femme était pauvre et ne lui pouvait rien donner, mais par devoir de sa profession, et par pitié pour les malheureux.

La dernière fois qu'il la vit, il la trouva mieux, tout danger avait disparu. Aussi le docteur était-il content ; mais il était tard, la nuit arrivait, les chemins étaient mauvais et encombrés. N'importe, il repart sans se faire accompagner, descend à pied le sentier qui longe les bords de la cascade. Tout à coup le cheval fait un faux pas et disparaît dans l'abîme. Quelle chance pour le docteur ! Visiblement le Ciel le protège. S'il était resté en selle, il était infailliblement perdu.

Au printemps, à la fonte des neiges, lorsque le docteur envoya chercher les harnais de sa monture, on ne trouva dans le bassin de la cascade qu'une bouillie de débris informes. Le mors et les étriers furent les seules épaves qu'on en retira.

Cet événement, arrivé dans des circonstances si émouvantes, fit grand bruit dans la contrée. Les amis du docteur, voire même le premier magistrat du département, le félicitèrent autant de son dévouement pour les malheureux que d'avoir échappé à un aussi terrible danger. Voici la lettre de M. le préfet. Je suis heureux de pouvoir la citer :

Aurillac, le 9 mai 1823.

« Monsieur le Docteur,

« Les rapports de M. le Maire de Brezons et de M. le sous-préfet de Saint-Flour ont porté à ma connaissance la belle conduite que vous avez tenue récemment pour venir au secours d'une mère indigente du village de Montréal, qui allait succomber sans votre assistance. L'obscurité de la nuit, le mauvais temps, les chemins dangereux, la perte de votre cheval qui est tombé dans un précipice, rien n'a pu vous détourner d'aller donner le secours de votre art à une malheureuse mère de famille que vous êtes parvenu à sauver. Cette action est d'autant plus louable que l'humanité seule l'a inspirée, car vous saviez d'avance que la misère de la famille Toulze ne vous permettait de compter sur aucune indemnité. Vous avez su dans cette circonstance réunir la charité à l'art, et les faire agir ensemble en faveur d'une infortunée. Vous avez acquis des droits non seulement à la reconnaissance de la famille Toulze, mais encore à la reconnaissance publique que j'éprouve une vive satisfaction à vous exprimer.

« Recevez, Monsieur le Docteur, l'assurance de ma parfaite considération.

« Le Préfet du Cantal. »

Cette lettre si élogieuse n'a pas besoin de commentaire. On regrette seulement qu'elle n'ait pas été accompagnée de la croix de la Légion d'honneur ; elle n'eût pas été déplacée sur la poitrine de cet intrépide bienfaiteur de l'humanité. M. le Docteur a laissé un fils, dont nous allons parler ci-après, et deux filles dont l'aînée, Adèle, est mariée avec M. Loussert de Labro, de Paulhac, et la cadette, Joséphine, s'est consacrée à Dieu, dans le monastère de la Visitation de Saint-Flour.

M. le Docteur a fait une mort très chrétienne.

Il a même donné un nouvel exemple de géné-
rosité en recommandant à sa famille de jeter
au feu son livre de comptes.

M. Alfred Triniac, conseiller de Cour d'appel

Né à Labesseire, en 1830, M. Triniac, après
avoir fait ses études classiques au petit séminaire de Clermont, se rendit à la Faculté de
Paris pour y obtenir ses grades universitaires.
Reçu bachelier, licencié, docteur en droit, il
entra dans le barreau comme avocat, fut attaché
pendant deux ans au parquet du procureur
général de Montpellier, puis nommé substitut à
Saint-Afrique, à Perpignan, à Saint-Flour,
ensuite procureur de la République à Yssen-
geaux, enfin conseiller à la cour d'appel de
Riom.

Il était là lorsque fut votée par le Sénat la loi
néfaste du 30 août 1883 (133 voix contre 130),
une vraie monstruosité, qui livra pendant trois
mois les magistrats de France à la discrétion
de Martin Feuillée. Sur 613 magistrats tant
amovibles qu'inamovibles l'exécution de la loi
comportait la suppression de 383 sièges et l'éli-
mination des autres. Donc, Martin Feuillée,
garde des sceaux, ministre de la justice, en a
mis par terre 608, brisant ainsi la carrière à
peine commencée par les uns, en pleine matu-
rité pour les autres. Donc c'est fait! la magis-

trature est mutilée, la justice abolie, l'iniquité consommée !!!

M, Triniac fut révoqué, lui aussi. Il comptait vingt-sept ans de services, dont six comme conseiller. Magistrat modeste, prudent, aimable, actif à la besogne, cherchant la vérité, avec une honnête indépendance, il avait passé sa vie à faire le bien sans éclat et sans orgueil, appliquant son esprit, réservé et réfléchi, à remplir ses fonctions avec simplicité et dignité.

Mais il avait la réputation d'être conservateur et catholique sincère, mauvaise note ; mais il avait fait partie jadis d'un conseil général, et ne s'était pas montré plat comme on l'aurait désiré ; mais il avait été nommé conseiller par les gens du 16 mai, passe-droit épouvantable ; il n'y avait que douze ans qu'il était chef du parquet. La République met les choses à leur place, elle nomme procureurs, présidents, des gens qui n'ont pas quatre ans de services, quand elle ne le nomme pas d'emblée ; et après 27 ans de services on révoque des conseillers !

M. Moisson, premier président de la Cour, magistrat incomparable, vieilli dans la science du droit, est pourtant proscrit ! mais il avait des défauts, il n'y a que les républicains qui en soient exempts. Il avait entre autres celui d'être catholique et d'oser l'avouer, donc il conspirait ! d'aimer les pauvres et s'ils ne venaient pas d'aller les chercher. Il en était encore à cette vieille formule : il n'y a pas de droit contre le droit, il n'avait pas compris qu'aujourd'hui il n'y a pas de droit contre la force, on le lui a montré.

A son départ, les conseillers en robe allèrent lui faire leurs adieux ; et comme ils témoignaient leus regrets pour eux et pour la Cour de perdre un magistrat si éminent, l'un des meilleurs jurisconsultes de France, il répondit d'une voix émue : Ne plaignez pas ceux qui descendent! plaignez ceux qui montent !!!

M. Triniac put revenir dans ses foyers la tête haute, sans avoir forfait à sa conscience et à ses sentiments de foi. Il pouvait dire comme un de nos rois malheureux : Tout est perdu, fort l'honneur ! M. le conseiller Triniac n'habite plus Labesseire, c'est au château du Chassan, commune de Faverolles, qu'il a fixé sa demeure. Il en avait reçu la moitié comme héritage de son parent Hippolyte de Ponsonnailles du Chassan. En achetant le reste, il est devenu le maître de la propriété entière.

C'est une belle résidence, qui de tout temps a appartenu à la famille de Ponsonnailles. Durand de Ponsonnailles habitait au château du Chassan en 1334. Demoiselle Soubeyranne de Ponsonnailles était dame d'honneur de la comtesse d'Armagnac, en 1426, Raymond de Ponsonnailles fut prieur de Javel en 1594, et l'abbé Philibert de Ponsonnailles, archidiacre de la cathédrale de Saint-Flour, comme nous l'avons dit plus haut, pourvu par la cour de Rome, en 1708, du prieuré de Sainte-Marie-Madeleine de Méjanasserre de Brezons. Cette famille, aujourd'hui éteinte, s'est fondue par mariage dans la maison de Longevialle, de Saint-Flour.

M. Triniac emploie son temps aux réparations du vieux manoir, à la culture de ses jardins, prés et champs, ce qui lui est une agréable distraction au milieu de ses loisirs.

M. Triniac n'a eu que deux enfants, une fille mariée à M. Teillard du Chambon, de Murat, directeur de la succursale du Crédit foncier de Guéret, et un fils, M. Henri. Nous allons esquisser les prémices de sa carrière, qui promet d'être brillante pour l'avenir.

Henri Triniac

M. Henri Triniac est aujourd'hui un des grands notaires de Toulouse, déjà il se montre digne de son honorable père. Voici ce que je lis à son sujet dans un journal de l'ancienne capitale du Languedoc, 12 mai 1899, ce n'est pas vieux.

Est-ce parce qu'il est original, ennemi de la banalité et du lieu commun, que M. Triniac possède un facies absolument différent de ceux des braves Toulousains au milieu desquels il vit ? Toujours est-il qu'avec sa haute taille, ses blonds cheveux, sa face noble, son regard énergique, un vrai gentilhomme, M. Triniac n'a pas l'air d'appartenir à la race de ces négrillons méridionaux, noirs, secs, courts, qui gasconnent sur les bords de la Garonne ou sur la place du Capitole.

Docteur en droit, lauréat du prix de Thèse, M. Triniac, se trouvait déjà par la seule possession de ses titres officiels en excellente posture pour réussir à Toulouse. Son urbanité parfaite, la sûreté de son commerce, les charmantes qualités de l'homme, qui s'ajoutent à la haute valeur professionnelle, n'ont pas peu contribué à lui créer une situation hors de pair, et enfin son mariage avec une aimable Toulousaine, fille de M. Deboul, candidat malheureux, quoique très riche et conservateur, a achevé de lui faire une place enviable et enviée dans la ville de Clémence Isaure.

Le père et le fils Baduel de Cros-Haut

M. Baduel, ancien secrétaire de sous-préfecture de Saint-Flour et d'ailleurs, a refusé, lui aussi, des postes honorables, préférant rester au milieu de ses enfants pour surveiller leur éducation, se cultivant en même temps lui-même, car j'ose le dire, quoi qu'en doive souffrir sa modestie, il me le pardonnera comme ancien condisciple, M. Baduel est aujourd'hui l'un des hommes les plus érudits et les plus recommandables de notre ville, surtout un chrétien convaincu. Deux de ses filles sont déjà établies très avantageusement. De ses deux fils, le plus jeune hélas! prêtre distingué et plein d'avenir, est mort tragiquement, curé de Montchamp (1889), en revenant d'accomplir un des devoirs de son ministère. L'aîné bien cruellement éprouvé lui aussi, par la mort prématurée d'une épouse accomplie, qui lui laissa un petit orphelin au berceau, est devenu un des brillants avocats de nos montagnes.

La nature du reste l'a bien doué : voix sonore, retentissante, feu sacré, gestes expressifs, élocution facile, élégante, faisant avec le plus grand intérêt la genèse d'une affaire. Cet homme n'est pas à sa place. Il faudrait à ce redoutable lutteur le siége d'un procureur général ; il s'y ferait honneur. Mais cela viendra, nous l'espérons, il est encore jeune.

Si j'avais un reproche à lui faire ce serait de nous présenter comme beaux petits saints des vauriens, des chenapans, des assassins, surtout de le faire croire aux jurés. Dernièrement après une plaidoierie des plus chaudes, des plus opiniâtres, il fit acquitter un meurtrier. Oh! cette fois, lui dis je, en lui serrant la main, vous en faites trop : celui-là méritait au moins dix ans de galère.

Justin Salat de Liadières

J'ai ouvert l'histoire des hommes célèbres de

Brezons par la biographie d'un vieillard de 80 ans, pourquoi faut-il que je vienne la fermer aujourd'hui par la mort prématurée d'un jeune homme d'un bel avenir qui n'avait pas encore 30 ans?

Il me rappelle par ses beaux talents un autre médecin des plus distingués, son compatriote, Pierre Chalvet, de Notre-Dame de Lescure. Agrégé à la Faculté de médecine de Paris, ayant concouru pour une chaire de clinique, et, candidat heureux, à la veille de monter sur son estrade il a succombé à la peine, tué par le travail à l'âge de 36 ans.

Ainsi notre ami Justin Salat, élève brillant, travailleur, marchant de succès en succès, déjà remarqué par ses professeurs, interne des hôpitaux de Paris, courait à la gloire, arrivait à la célébrité.

Mais il ne ménageait pas ses forces ; sa frêle existence alarmait ses amis ; la lame usait le fourreau. Constamment absorbé par ses études médicales, il donnait encore aux malades les soins les plus assidus. Souvent après avoir soulagé le corps, il s'occupait à guérir l'âme, et par ses conseils intimes, il parvenait à mettre dans la bonne voie des malheureux qui se seraient perdus ; il faisait dans l'hospice des Tournelles un véritable apostolat ; que d'enfants n'a-t-il pas fait baptiser, et baptisés lui-même, lorsque l'aumônier manquait et qui allaient mourir ?

Enfin il n'avait qu'une passion : travailler. Souffrir, aimer les siens, se dévouer pour tous, servir Dieu avec une foi inébranlable et une conscience sans reproche, telles furent les joies de sa jeunesse, telle fut sa vie.

Et dire que toutes ces belles espérances sont venues se briser contre une tombe! que ses jours au banquet de la vie furent si courts! Pauvre mère, inconsolable comme une autre Rachel, pauvre père, le cœur navré par la disparition si soudaine d'un fils qui devait être le charme de vos vieux jours, comment vous consoler quand la perte est si cruelle, et que tout semble désespéré? Oh! vos larmes ne furent jamais plus légitimes!

Mais, mes chers amis, votre fils ne vous quitte que pour aller vous attendre au ciel. Heureux passager, échappé aux écueils, entré dans le port, déjà ta couronne, tressée par les anges, brille sur ton front. Te voilà, ô Justin, dans le sein de Dieu! Courage donc, parents chrétiens! encore quelques jours et vous allez saluer la patrie, retrouver à la porte du ciel ce cher disparu, qui vous donnera la main pour y entrer !!!

M. Justin Salat était le neveu de MM. les abbés Rispal, dont l'un est curé de Neuvéglise et l'autre de Lastic, et un frère d'Antoine Salat, actuellement missionnaire lazariste dans le diocèse de Bordeaux.

LE BOURGUET

Comme nous l'avons déjà dit à l'article topographique, l'éloignement où se trouvaient les habitants du haut de la vallée pour communiquer avec le chef-lieu engagea l'administration civile et religieuse à y créer d'abord une chapelle vicariale, en 1824, érigée en succursale, en 1839. Le hameau du Bourguet, qui déjà avait un oratoire, fut choisi pour chef-lieu de la nouvelle paroisse.

L'église, dont M. le curé Albaret fut l'architecte, est bien réussie, bien tenue; le presbytère convenable. Profitant d'un legs, fait à la commune de Brezons par un de ses généreux habitants, M. Loussert Pierre, le Bourguet a bâti, lui aussi, un groupe scolaire.

La population est de 300 habitants; les villages au nombre de douze. Sainte-Anne, fête patronale, s'est célébrée jusqu'ici sans trouble ni confusion. La culture de la terre, surtout des près, l'élevage des bestiaux, le transport des bois de Grandval est l'occupation ordinaire des habitants et la source de leurs bénéfices.

Ses mœurs et ses habitudes sont celles des Brezondins. On regrette que cette paroisse ait suivi les mêmes errements que sa mère de Brezons en allant chercher fortune dans les grandes cités d'où elle n'a rapporté que le goût de la dépense et du désordre: comment! des hôtels, des cafés, des salles de jeu et de plaisir dans certains villages, où accourt les dimanches la jeunesse montagnarde! Allons! allons! mes amis, n'oubliez pas que vous n'avez plus les ressources et le confortable des grandes villes: que vous n'êtes plus à Paris, mais au pied du Plomb du Cantal: votre condition vous impose une conduite plus réservée et plus sage.

Il y a environ 30 ans avait commencé au bois de Grandval une entreprise gigantesque, grande fabrique de charbon, grande distillerie de bois, de nombreuses bâtisses et constructions pour remiser les produits et les ouvriers, ils étaient plus de cent. L'un des bâtiments n'avait pas moins de 30 mètres, avec 3 étages. — encadré de deux pavillons, un vrai château moderne, plus, des jardins, de vastes cours, quelques tronçons de voies ferrées, des auberges, des boulangéries, une animation plus qu'ordinaire. Les visiteurs accouraient de toutes parts pour voir cette merveille.

Mais voilà que tout à coup l'entreprise s'arrête. Est-ce la faute des ingénieurs ou des directeurs? on l'ignore. Toujours est-il qu'on a enfoui dans cet échauffourrée un million.

CURÉS DU BOURGUET

MM. Hugon, premier chapelain.......... 1824
Petit, premier curé.............. 1836
Albaret........................

Raynal ....
Soulier.............................. 1884
Ruc................................. 1893
Pégorier........................... 1893

VILLAGES ET HAMEAUX

Le Bourguet	Serveretes
Argeaillers	Lavidalenche
Ladoulvadenche	Livernais
Lestrande	Sanessages
Roucheire	Belvezet
Les Rouchenses	Servière

Dans ce dernier village se trouvait un château, qui appartenait, en 1640, à François de Monjou, héritier d'Antoine, seigneur de St-Clément et de la Roque, qui le tenait en fief des seigneurs de Brezons.

M. FABRE

PENSIONNAT DE BREZONS

Il naquit en 1810, au village du Chambon, paroisse de Valuéjols. Après avoir fait ses humanités au collège de Saint-Flour, il entra au grand séminaire pour y commencer ses études théologiques.

Au bout de deux ans, ne se sentant pas de vocation pour l'état ecclésiastique, il se rendit à Narnhac, canton de Pierrefort, où l'appelaient quelques pères de famille pour donner des répétitions à leurs enfants.

Les progrès des élèves firent bientôt apprécier le nouveau précepteur : il reçut plusieurs autres demandes et, un an après, sa classe se composait d'une douzaine d'enfants. Mais Narnhac, petite commune à l'extrémité du département, n'offrait pas d'éléments favorables pour un pensionnat.

On conseilla à M. Fabre d'aller se fixer à Brezons ; c'était plus central, il pouvait avoir des étudiants de Pierrefort, même de la Planèze. En effet, dans mois de deux ans, sa classe monta à 30 élèves.

L'intelligent professeur avait étudié à fond la grammaire latine de Lhomond, et y avait ajouté des commentaires très utiles sur les *que* retranchés, sur les verbes de doute, les *son, sa, ses*, les participes, même sur la traduction de certains gallicismes... Une fois qu'on était entré dans cette méthode, les plus grandes difficultés de la langue latine étaient vaincues.

Les premiers élèves, qui quittèrent le pensionnat de Brezons pour aller terminer leurs études au collège de Saint-Flour commencèrent la réputation de son professeur : M. Baduel, de Valuéjols et M. Bousquet, de Saint-Maurice, arrivés en troisième y occupèrent un rang honorable, M. J.-F. l'autard, après quatre ans d'études, osa affronter la seconde composée de 32 élèves. Il y obtint 2 premiers prix — version latine et vers latins — et fut nommé dans les autres matières. En rhétorique il partagea tous les prix avec son rival, M. Marsal, de Sainte-Anastasie. Dès lors la réputation du pensionnat de Brezons était faite, il n'y avait pas moins de 36 étudiants.

Mais comment M. Fabre pouvait-il faire la classe à tant d'élèves, partagés en cinq ou six divisions ? Voici : lorsqu'il avait fait réciter les leçons aux plus avancés et corrigé leurs devoirs, il leur disait : Faites la classe à telles et telles divisions. Alors, sous l'œil du maître et avec sa méthode nous instruisions les plus jeunes, tout en nous rendant nous-mêmes plus familiers avec les règles des grammaires latine et française.

N'oublions pas de dire que, dans le caméristat, où chacun apportait ses vivres, le prix de la classe et autres dépenses était accessible aux plus petites bourses : 80 francs, tout compris. Dans la maison Rispal, (1) telle qu'elle est à peu près aujourd'hui, on avait trouvé de la place pour 30 caméristes, les autres étant logés dans le bourg. Des deux grandes chambres du premier étage, l'une était affectée à l'étude et aux classes, l'autre avec certaines pièces du 2ᵉ et du rez-de-chaussée composait le dortoir.

La domestique faisait les lits, et préparait les repas pour tous les jeunes pensionnaires.

Après midi nous descendions dans un petit communal broussailleux, à cent mètres de l'établissement, *la Gravière* ; isolé du public, entouré en partie de la rivière, une presqu'île, c'était un endroit très propice pour nos récréations. Les uns s'y livraient aux amusements les plus bruyants, les autres se baignaient, certains cherchaient à prendre du poisson, très abondant dans le bassin ; il y en avait même qui allaient marauder dans les jardins d'alentour.

Au premier appel, rentrée à l'étude ; les réfractaires ou attardés étaient rares.

Les dimanches, nous nous rendions en corps à l'église, les petits faisaient l'office d'enfants

(1) Maison de MM. les curés de Neuvéglise et de Lastic.

de chœur, les grands chantaient au lutrin la messe et les cantiques préparés la veille. Ces braves villageois accouraient en foule, avides de voir nos cérémonies et d'entendre de beaux chants. Nous commettions bien quelques délits dans leurs propriétés, mais ils pardonnaient tout pour l'affection qu'ils nous portaient. Ils aimaient cette école, ils en étaient fiers !

Les dimanches soir, promenade ; les jeudi, courses dans les bois, guerre aux corbeaux, aux geais, aux serpents. Nous faisions même quelques excursions dans les paroisses voisines, au Bourguet, à Bélinay, Cezens, Saint-Martin, Vigouroux ; nous rentrions ensuite plus décidés, plus dispos que jamais pour l'étude.

A la fin de l'année scolaire avaient lieu les examens publics, présidés par M. Poulhès, curé-doyen de Pierrefort, avec le concours des prêtres et des célébrités de la contrée

C'était la lecture, sous pli cacheté, des thèmes, des versions, des problèmes, voir même de petites narrations ; puis l'examen oral, où l'on cherchait à nous embarrasser par la traduction de certains gallicismes, alors vulgairement appelés « cadettes de troisième, » ainsi : A force de forger l'on devient forgeron, *fabricando fit faber*... Battant, battu, battre pour battre, j'aime mieux battre qu'être battu, *malo verberare quam verberari*...

Les prix et les récompenses consistaient dans

les éloges et les encouragements qu'on nous donnait, puis après une petite fête précédant le départ, on se disait au revoir pour la rentrée prochaine.

Tout allait bien jusque-là, mais le soin et la surveillance commençaient à faire défaut. Si M. Fabre avait pris un adjoint, un surveillant, le bien commencé se serait continué ; mais sous un prétexte ou sous un autre, il faisait de fréquentes absences, et pendant ce temps c'étaient des cris, des batailles, des scènes de désordre à tout briser...

Survenant au milieu de cette confusion, le maître se portait à des fureurs étranges : malheur à ceux qui n'avaient pas eu le temps de se cacher sous les tables ; les giffles et les coups pleuvaient drus sur eux.

Ces désordres allèrent toujours croissant. Il fallut fermer la porte.

Sans se décourager, M. Fabre transporta son pensionnat à Pierrefort ; cette ville lui avait déjà fourni un certain nombre d'élèves.

Sa classe se remonta assez vite. Les études reprirent leur élan. Les progrès furent d'abord si marqués qu'après un an ou crut être revenu à l'une de ces époques où le pensionnat de Brezons était le plus en fleurs.

Mais les désœuvrés, les siroteurs, les amis de la bouteille, ne cessaient d'attirer par tous les moyens le professeur dont ils avaient deviné la faiblesse. Peu à peu il céda à leurs instances. Dès lors plus de surveillance, plus de discipline, partant presque plus de classe.

Les enfants abandonnés couraient les auberges, les cafés. Le désordre était complet. Les parents avertis vinrent réclamer leurs enfants, et M. Fabre se trouva de nouveau sans élèves, sans ressources, à la veille de tendre la main. Heureusement pour lui, il avait obtenu quelque temps auparavant un brevet élémentaire. Pour lui procurer du pain l'administration préfectorale le nomma instituteur public à Sainte-Marie, commune de Pierrefort, le 14 mars 1844.

Le malheur est un rude maître, mais un maître quelquefois nécessaire pour nous ramener dans le devoir. L'enfant prodigue en avait fait l'épreuve, M. Fabre la fit aussi.

Dans cette nouvelle position il s'amenda sous tous les rapports; il faisait très bien la classe, donnait même à quelques élèves des répétitions de latin.

Surveillance, prières, catéchismes, accomplissement des devoirs religieux, dont il donnait lui-même l'exemple, rien n'était négligé. Il était devenu le modèle des instituteurs, à tel point qu'à sa mort, après 25 ans d'exercice dans cette commune, ses élèves, sur l'initiative de M. Hugon, son adjoint et son successeur, se colisèrent pour faire placer sur sa tombe une grande pierre avec cette inscription : *A M. Fa-*

bre instituteur, officier d'Académie; ses élèves reconnaissants, 25 mars 1869.

LISTE DES ÉLÈVES

du pensionnat de Brezons devenus prêtres.

Monseigneur Soubrier, évêque d'Oran.

M. Bousquet, chanoine, curé-doyen de Pierre-fort.

M. Bromet, chanoine de Saint-Flour.

M. Pautard, chanoine de Saint-Flour et d'Oran.

M. Rouchez, chanoine honoraire de Saint-Flour.

M. Loussert, curé de Tiaret, chanoine d'Oran.

M. Delmas, vicaire de Thiézac.

M. Monjou, curé de Mandailles.

M. Bélart, curé de Saint-Marc.

M. Dommergue, curé de Malbo.

M. Combes, curé d'Apchon.

M. Bousquet, curé de Montgreleix.

M. Baduel, curé en Afrique.

M. Maurel, curé dans l'Aveyron.

M. Mallet, curé de Laurie.

M. Ruon, curé de Neussargues.

M. Ruc, curé de Narnhac.

M. Gaillard, curé de

M. l'abbé Amagat, de Cézens,

M. Costerousse curé de Saint-Saturnin.

BIOGRAPHIE DE MONSEIGNEUR SOUBRIER

Evêque d'Oran

Monseigneur Soubrier de Failhès, paroisse de Badaillac, canton de Vic-sur-Cère, naquit le 13 janvier 1826 d'une famille aisée et très chrétienne.

« Heureux les enfants, comme l'a dit dans un beau langage notre excellent Evêque, qui trouvent la religion à côté de leur berceau, sous les traits d'une sainte mère, et qui respirent de bonne heure dans la maison paternelle l'atmosphère de la piété ! *Si radix sancta et rami,* dit saint Paul, quand la racine est sainte, le rameau l'est aussi. La sève monte de l'une à l'autre ; la foi et la piété passent du cœur des parents dans l'âme des enfants, c'est la loi de l'atavisme. Loi ancienne comme le monde, loi proclamée par la religion et enregistrée par la science. »

Géraud Soubrier avait 10 ans lorsque M. Dacier, son oncle maternel, alors vicaire à Brezons, l'appela pour lui faire commencer son cours de latin dans le pensionnat de M. Fabre.

Petit, blond, sérieux comme on l'est peu à son âge, c'était un enfant rare. Il se mit courageusement au travail et eut dans sa classe des rivaux redoutables : M. Baduel, du Cros-Haut de Brezons, M. Maurel, de Castelnac de l'Aveyron, M. Daude, de Lalo de Cézens, et M. Marly, de Jarry de Paulhac.

Pendant les deux dernières années que je restai chez M. Fabre, je faisais souvent la classe à plusieurs divisions, mais celle qui m'était la plus sympathique, c'était bien la division du petit Soubrier ; ces cinq élèves bien doués donnaient les plus belles espérances ; aussi sont-ils devenus des hommes très recommandables dans leurs conditions respectives. Mais Monseigneur Soubrier les a surpassé tous, en arrivant par ses vertus et ses talents au plus haut degré de la hiérarchie ecclésiastique, à l'épiscopat.

M. Soubrier était déjà avancé dans ses clases lorsque le pensionnat de Brezons fut supprimé. Il rentra alors chez lui, et alla terminer ses études classiques au collège d'Aurillac. Deux ans après, il se rendait au Grand Séminaire de Saint-Flour. Pendant qu'il en suivait les cours, arriva un vicaire général d'Alger, demandant à notre Evêque de vouloir bien déverser dans le vaste diocèse africain la surabondance des sujets, qui existait à cette époque dans le nôtre.

Il parla à nos séminaristes avec tant de feu et de persuasion, leur faisant entendre les appels désespérés de ces immenses populations, qui réclamaient des prêtres et des sauveurs, qu'une dizaine de ces jeunes lévites se levèrent disant : Nous sommes prêts à partir ! Il partirent en effet.

A leur tête vint se mettre M. Comte, d'Ande-
lot, alors vicaire à Molèdes, devenu curé de
Guelma, de Ténez, de Médéah, vicaire général
d'Alger, chanoine mitré de Carthage.

M. Vialard, des Deux-Verges, près de Chau-
desaigues, curé de Jemmapes, de Guelma, de
Constantine et chanoine titulaire de cette cathédrale.

M. Bardel, de Massiac, d'abord vicaire à
Arven, puis curé de Sidi-bel-Abès, enfin curé
de la paroisse de Saint-Esprit à Oran.

M. Peschaud, chanoine d'Alger et d'Oran, du
moulin de Celles, curé d'Orléansville.

M. Loussert, de Laudrier de Paulhac, curé de
Rivoli, puis curé de l'importante place de Tiaret,
chanoine honoraire d'Oran.

MM. Malbert, de Saint-Bonnet de Marcenat et
Lavergne de Mauriac, Baduel d'Aizergues de
Pierrefort, qui occupèrent des postes plus ou
moins élevés.

M. Soubrier était à peine diacre lorsqu'il
quittait furtivement le grand séminaire de Saint-
Flour pour aller sur la terre africaine afin de
donner à son zèle un plus vaste champ de
labeur. Sa pauvre mère, malgré sa foi de chrétienne, en éprouva un si grand chagrin qu'elle
ne put y survivre ; mais le Maître n'a-t-il pas dit :
Qui aime son père et sa mère plus que moi,
n'est pas digne de moi, *qui amat patrem suum et
matrem suam plus quam me non est me dignus.*

Le jeune séminariste, selon la recommandation de Notre-Seigneur, partit sans bourse, sans vêtement, sans chaussure. Il avait dù emprunter pour le voyage à M. Baduel, plus tard curé d'Aurillac, l'argent nécessaire, qu'il lui rendit bientôt après avec une scrupuleuse exactitude. Laissons maintenant la parole à l'un de ses biographes que nous suivrons dans les détails si intéressants qu'il nous a donnés sur notre illustre et bien aimé compatriote.

A la fin de juillet 1848, nous le trouvons à Oran, directeur de la maîtrise. Ordonné prêtre à Alger par Mgr Pavy, il y revint en 1849 comme vicaire de la même paroisse.

C'était l'année terrible, où le choléra coucha dans notre ravin de Raz-el-Aïn des hécatombes humaines. Le jeune Soubrier n'écoutant que les ardeurs de son zèlo, tient tête au fléau, il se multiplie au chevet des mourants, comme un soldat intrépide sur le champ de bataille, pour donner à tous les consolations de son ministère et les secours de la religion.

Un dévouement aussi admirable, une abnégation aussi complète en face du danger, avaient attiré sur le vicaire d'Oran l'attention de l'administration diocésaine, qui l'appelait au lendemain de la cessation de l'épidémie à l'importante cure d'Hussein-Dey. Pendant quatre ans il y donna la mesure de sa prudence, de sa sollicitude pastorale, toujours en éveil, et de son tact éclairé dans l'art des arts du gouvernement des âmes. Ce n'était là qu'un acheminement à la cure de la Cité-Bugeaud, où il entrait, le 4 novembre 1853, pour y continuer son œuvre de pasteur et de père. Après quatre années il était nommé curé de Philippeville.

C'était encore à peine au lendemain de la conquête, l'Algérie était loin d'offrir alors les ressources qu'une plus longue possession a fini par assurer au ministère du prêtre ; il fallait mener la vie de missionnaire ; pour toute cette immense étendue de territoire il n'y avait qu'un diocèse et qu'un seul évêque, c'est-à-dire que la mission était abondante et les ouvriers peu nombreux.

Ouvrier de la première heure, M. Soubrier n'en sentait que mieux raviver les ardeurs de son zèle au foyer de son cœur vraiment sacerdotal. L'on eût dit que la Providence pour fournir un aliment à son activité ouvrait à mesure devant lui de nouveaux horizons. Le 4 juillet 1863, il partait pour Alger où lui était confiée la cure de Notre-Dame des Victoires.

Cependant le temps avait marché, la nouvelle colonie avait pris plus de développement ; deux nouveaux diocèses venaient d'y être créés. A Mgr Pavy, le grand organisateur, avait succédé Mgr Lavigerie qui promenait déjà partout son intrépidité d'apôtre. La cure de sa métropole étant devenue vacante, M. le curé de Notre-

Dame des Victoires y fut installé, d'abord comme chanoine, et puis comme archiprêtre par Mgr l'archevêque, le 1er décembre 1872.

Quatorze années se passèrent dans l'exercice fécond d'une charité, qui se dépouillait de tout pour subvenir aux besoins des autres. Croirait-on qu'après quarante années de ministère dans des paroisses importantes, il n'avait fait aucune réserve et que appelé aux honneurs de la prélature, il ne put acheter ses ornements ? C'était la vivante image du bon Pasteur dépensant tout, se dépensant lui-même au service du Dieu, au soin des âmes, avec une humilité si parfaite qu'elle allait jusqu'au complet oubli de soi. Jamais peut-être cet esprit d'abnégation ne fut plus nécessaire qu'à notre époque, toute faite de compétitions avides, d'égoïsmes inassouvis, de calculs intéressés et d'appétits jouisseurs.

Aussi Dieu qui veille aux destinées de son épouse terrestre, lui prépare-t-il dans ses mystérieux desseins des pontifes capables de s'élever à ces hauteurs sublimes de l'humilité la plus profonde et du désintéressement le plus absolu.

Le cardinal Lavigerie, qui se connaissait en hommes, avait trouvé un saint prêtre dans le curé de sa cathédrale. Il lui avait témoigné toute sa confiance en le nommant vicaire général ; il songea à le faire élever aux honneurs de l'épiscopat. Un décret du 2 mars 1886, vint notifier à M. Soubrier, à sa surprise, et presque à sa grande terreur, qu'il était nommé évêque d'Oran.

Ce choix avait été ratifié par le Saint Père, qui le préconisait au consistoire du 10 juin suivant. Il était sacré le 2 octobre dans l'église métropolitaine d'Alger par les mains du cardinal. Il prit pour devise : *Charitas erigens pauperem.*

Charitas : bonté simple, généreuse, compatissante, qui ne sait rien garder et donne sans cesse, cette vertu qui, ainsi que le dit le P. Lacordaire, ne consulte pas l'intérêt, qui n'attend pas l'ordre du devoir, qui n'a pas besoin d'être sollicitée par l'attrait du beau, mais qui se penche d'autant plus vers un objet qu'il est plus pauvre, plus misérable : *charitas nunquam excidit.*

Charitas erigens pauperem. Modeste par nature, simple par tempérament, il n'ambitionnait que la dernière place ; c'était toujours trop de faveurs, trop de bienveillance de la part de ses supérieurs.

Il ne rougissait pas de son origine, lui, fils de paysan, lorsqu'il écrivait sur sa devise : *Erigens pauperem !* La bonté et l'humilité étaient bien le reflet de son âme tout entière.

On dit qu'en franchissant la limite de son nouveau diocèse, Monseigneur Soubrier tomba à genoux pour implorer les grâces du Ciel sur son nouveau ministère, prière touchante qui révèle toute la hauteur de son âme vraiment épiscopale, ne fondant que sur Dieu sa force et son espoir.

Pendant douze ans qu'a duré son ministère pastoral, on a vu cet évêque, fidèle à lui-même et fidèle à Dieu, donner l'exemple des plus hautes, des plus pures vertus. Il avait la régularité d'un séminariste et la piété d'un enfant.

Dans l'administration de son diocèse comme dans ses rapports avec ses prêtres ce fut la bonté qui présida toujours avec la justice pour compagne. Il eut au plus haut degré le respect du sacerdoce et c'est par là surtout qu'il fit respecter sa propre autorité et régner l'union et la paix.

Mais ceux qui devinrent la portion chérie de son troupeau, ce furent les petits enfants et les pauvres, les enfants, qu'il aimait d'un amour si tendre, les pauvres pour lesquels il se dépensait tout entier, voilà pourquoi ami des pauvres il meurt pauvre à son tour.

Et lorsqu'il vit que le bâton pastoral était trop lourd pour ses vieux ans, il le déposa, et lorsqu'il comprit qu'il ne pouvait plus utilement servir l'Eglise dans le poste qu'elle lui avait confié, il se recueillit dans un effort suprême, signa sa démission et descendit humblement de son siège.

Après de longues et cruelles souffrances qui

ont achevé de purifier son âme, il s'est endormi dans la paix de son Dieu, *in pace in idipsum dormiam et requiescam.*

Aujourd'hui que le dernier glas a sonné, et que le silence se fait autour de sa tombe, ne convient-il pas de jeter un dernier regard avec un dernier regret sur ce vaillant compatriote, l'une des belles gloires de notre Auvergne ?

FIN

TABLE DES MATIÈRES

LUMIÈRE ET LIBERTÉ